14 시간이 멈춘 왕국

글 김강현 그림 김기수

글 김강현

종합학습만화지 〈보물섬〉에 수리과학 만화 〈홈즈VS루팡 수학대전〉과 예체능 만화 〈파이팅 야구왕〉을 연재했습니다. 지은 책으로 〈라바 에코툰〉, 〈코믹 드래곤 플라이트〉, 〈쿠키런 서바이벌 대작전〉, 〈신비아파트 한자 귀신〉, 〈잠뜰TV 픽셀리 초능력 히어로즈〉 등이 있습니다. 어린이들이 만화를 통해 상상력과 창의력을 키울 수 있도록 끊임없이 연구하며 글을 쓰고 있답니다.

그림 김기수

학습만화 단행본 〈코믹 귀혼〉, 〈카트라이더 수학 배틀〉, 〈테일즈런너 바다 생물 편〉, 〈코믹 서유기전〉, 〈마법천자문 영문법원정대〉, 〈메이플 매쓰〉, 〈쿠키런 서바이벌 대작전〉, 〈신비아파트 한자 귀신〉 등 여러 어린이 학습만화를 그렸습니다. 어린이들이 즐겁고 재미있게 공부하고 꿈을 키울 수 있도록 멋진 그림을 그리고 있답니다.

쿠키런
킹덤

캐릭터 소개

용감한 쿠키

기억을 잃고 달고나 마을에서 깨어난 쿠키.
과거의 기억을 되찾고 어둠마녀 쿠키를
막기 위해 소울 잼을 찾는 모험을 한다.

에스프레소맛 쿠키

전설의 각설탕을 찾으러 왔다가
용감한 쿠키의 일행이 된다. 아무도 기대하지 않은
의외의 마법 실력으로 일행을 놀라게 한다.

커스터드 3세맛 쿠키

백성과 함께하는 위대한 왕이 되고 싶어 하는 쿠키.
나중에 왕국을 만들어 용감한 쿠키와
호밀맛 쿠키를 장관으로 임명할 계획이다.

블랙레이즌맛 쿠키

와플로봇의 공격으로 폐허가 된 마을을 되살리려는 마을의
수호자 쿠키. 납치된 마을 쿠키들을 구하기 위해 용감한 쿠키 일행과
함께 붉을 달로 향했다가 하늘에 떠 있는 성에 도착했다.

호밀맛 쿠키

강력한 호밀 쌍권총을 휘두르며 악당 쿠키나
몬스터에게 정의의 호밀 총알을 쏘아 대는 쿠키.
용감한 쿠키와 용의 길에서 만나 동료가 되었다.

칠리맛 쿠키

마음에 드는 쿠키에게는 도움을 주고 싶어 하는 의리 있는 도둑. 오해를 풀고 연금술사맛 쿠키의 친구가 되어 모험을 함께하게 된다.

연금술사맛 쿠키

못 미더운 오빠 때문에 항상 걱정이 끊이지 않는 똑똑한 동생. 용감한 쿠키의 일행이 되어 어둠마녀 쿠키의 부활을 막으려 한다.

다크카카오 쿠키

얼어붙은 성 안에 봉인되었다가 깨어난 고대 쿠키. 과거 전쟁에서 백성들을 지키지 못한 것을 자책하며 아들인 다크초코 쿠키를 그리워한다.

아포가토맛 쿠키

어둠마녀 쿠키의 부활을 바라는 쿠키. 다크카카오 쿠키를 속여서 그의 힘을 이용하려 한다.

딸기크레페맛 쿠키

바닐라 왕국의 국민이었던 고대 쿠키로, 뛰어난 기계 공학자이다. 냉동 수면 장치에 잠들어 있다가 어둠마녀 쿠키에 의해 깨어나 새로운 왕국을 건설하고자 한다.

차례

1화 딸기크레페맛 쿠키의 등장

퓨, 퓨어바닐라
쿠키?!

퓨어바닐라 쿠키! 너, 여기 있었던 거야?
와락

누구신데 절 아는 것처럼….
스륵

나야, 용감한 쿠키!
전 수천 년 전 쿠키라 지금 세상에 저를 아는 쿠키는 없습니다.

부활한 지 얼마 안 돼서 나처럼 기억이 엉망이 된 건가?
저게 퓨어바닐라 쿠키라고?

네가 이곳의 주인이면
모든 일의 원흉이 너로구나!
이 나쁜 쿠키!
파아아
앗,
블랙레이즌맛
쿠키!
우왓,
뭐야?
나
앙
촤아
퓨어바닐라 쿠키는
당대 최고의
마법사라고 하더니
저런 재주가 있나 봐?

블랙레이즌맛 쿠키,
기다려 봐! 내 친구
퓨어바닐라 쿠키가
그런 짓을
했을 리가 없어.
게다가 소울 잼에서
나온 지 얼마 되지도
않았는데 어떻게
그동안의 일을
알겠어?
그런가?
소울 잼?!

잠깐,
너희가 어떻게
소울 잼을 알지?
그것은
어둠마녀
쿠키 님이
찾는….

뭐?
어둠마녀 쿠키?
치료사맛
쿠키 님!
제가
다른 건 몰라도
확실히 하나는
알겠네요.

이 쿠키는
퓨어바닐라
쿠키가
아닙니다.
척

네! 저는
에스프레소맛
쿠키입니다.
아~
그래요.

그럼
이 쿠키!
전 호밀맛
쿠키….
아하!

그럼 너!
커스터드
3세맛 쿠키요.
연금술사맛
쿠키입니다.
너!
너!
너!
용감한
쿠키예요.
칠리맛 쿠키!

퓨어바닐라 쿠키는
지금 공중에
떠 있어요.
아하,
그렇군요.
진짜 보이는 건지,
안 보이는 건지….

어쨌든 2.0 시력을 가진
내 눈으로 보건대
저것은 퓨어바닐라 쿠키가
아닙니다.

퓨어바닐라 쿠키가
아니라면 뭐죠?
완전히 퓨어바닐라
쿠키와 똑같은데?
사실
쿠키 같지도
않네요.

잠깐!
달의 로봇 중에
쿠키로 변신하는
로봇도 있었잖아.
그렇구나!

저건
로봇이 분명해!
받아랏!
탕
탕
탕
호밀맛
쿠키!
이것도
피해 봐라!
느려 터진
총알 따위 피하는 건
일도 아니지.

퍽
억

철퍼덕
떨어졌다!

너!
정체가 뭐냐?
이거 왜 이리
딱딱해?
우당탕
와당탕
잡아서
정체를 밝히자!
쿠키 몸이
이렇게 딱딱할
수가 있나?

나의 귀여운
딸기 크림
페어리에게
무슨 짓이야?
깜짝

누구…?
어?
이것 봐요!
퓨어바닐라 쿠키,
아니, 퓨어바닐라 쿠키
흉내를 내던 것이….
로봇이었어요!
으앗!

이리 와,
딸기 크림 페어리!
벌떡
앗!
다다다

이럴 수가!
슈웅
나는 뉴 바닐라 왕국의 왕이 된 천재 공학자 딸기크레페맛 쿠키 님이시다.
촤아
이 무례한 쿠키들아!

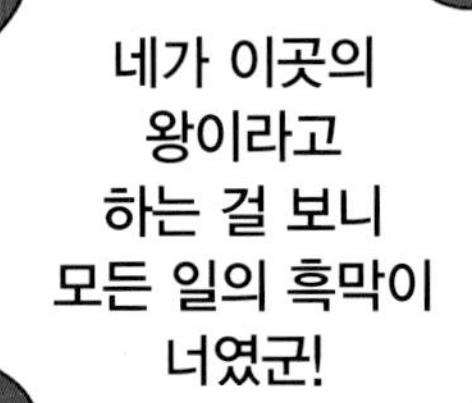

네가 이곳의 왕이라고 하는 걸 보니 모든 일의 흑막이 너였군!

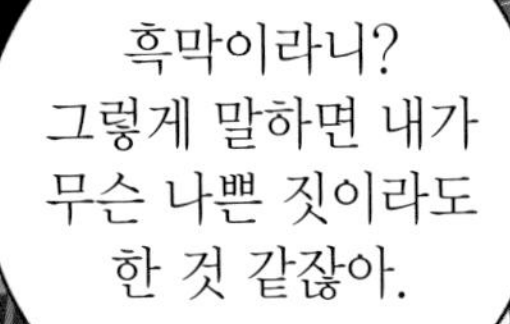

흑막이라니? 그렇게 말하면 내가 무슨 나쁜 짓이라도 한 것 같잖아.

우리 마을을 파괴하고 쿠키들을 잡아간 것이 나쁜 짓이 아니고 뭐야!
난 너희들이 살던 그 지저분한 마을 위에 멋진 바닐라 왕국을 세울 거야.
쿠키들은 다 한심하고 엉망인 존재라고 하셨는데.
그 멋진 왕국에 마을 쿠키들을 살게 해 주려고 하는데 고마워하지는 못할망정 은혜를 원수로 갚다니. 진짜 그분의 말씀이 맞았네!

그분?

설마… 그분이
어둠마녀 쿠키?
…….
그래!
위대하신 최강의 존재
어둠마녀 쿠키
님이시다.
딸기크레페맛
쿠키라고 했지?
너, 어둠마녀
쿠키를 만났어?

어둠마녀 쿠키 님은
아직 온전히 부활하지 못하셔서
그의 부하를 보내
나를 깨웠고,
쿠키들은
한심한
존재다!
부하가 가져온
마법의 힘을 통해
그분의 음성을
들었어.

그분께서
이 달의 존재를
알려 주셔서
여기로 올 수 있었지.
방어막을 만들고
포털에 암호를
거는 일 같은 건
모두 내가 했지만….
난 어둠마녀 쿠키 님의
계획을 듣고 그분을
돕기로 맹세했어.
곧 완전체로
부활하실 어둠마녀
쿠키 님이 다스릴
새로운 세상은…

누군가가 장난으로
만들었다 버린
쓰레기가 아니라
진심으로 창조된 쿠키가
지배하는 세상이
될 거라고 하셨다!
!
?

뭐라고?
도무지 이해할 수 없군. 그게 대체 무슨 말이야?
바보 쿠키들에게 구구절절 얘기할 이유는 없지. 어쨌든 너희들은 다른 쿠키들과는 좀 다르네. 소울 잼도 알고 어둠마녀 쿠키 님도 알고.
게다가 내가 옛날 자료를 보고 만든 퓨어바닐라 쿠키가 가짜라는 것도 알아봤잖아.

퓨어바닐라 쿠키의 자료? 그런 게 있어?
당연하지. 여긴 고대 바닐라 왕국의 유적이니까 그림이나 조각 같은 걸로 퓨어바닐라 쿠키의 모습이 남아 있어.

그럼 여기가 진짜 그 옛날의 바닐라 왕국이 맞는 거야?
몇 번을 말해?

그러니 너희 중 하나를 잡아가서 연구를 해야겠어.
나머지는 다른 쿠키들이 있는 곳으로 가서 일을 해! 그럼 나중에 왕국에서 살게 해 줄게.

파아아
말도 안 되는 소리 하지 마! 당장 우리 마을 쿠키들을 풀어 주고 이곳을 떠나라!
네 약해 빠진 로봇으로는 우리를 막을 수 없어!
흥!

콰
악
으악!
뭐야?
내 로봇들이
약하다고?
나의 초코 크레페
스파이더와 싸워도
그런 소리가 나올까?
히익! 뭔데
저리 거대해?

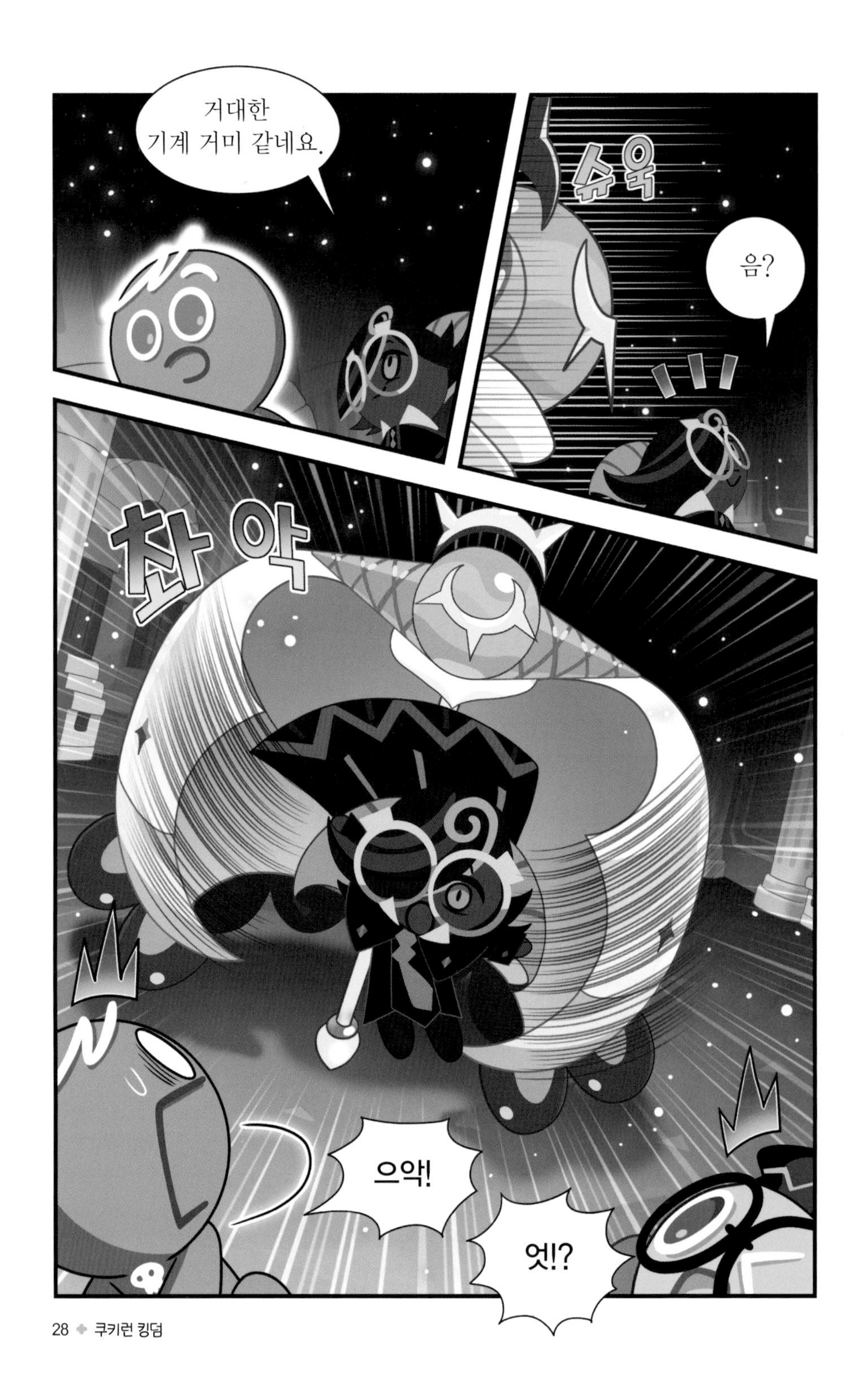

거대한
기계 거미 같네요.
슈욱
음?
촤악
으악!
엇!?

에스프레소맛
쿠키!
휘릭
읍읍!
살려 줘!

그럼 난 먼저 간다~
초코 크레페
스파이더와
잘 싸워 봐!
스스스
에스프레소맛
쿠키!!!

까마귀야!
텁
파
아
아
슬쩍

됐다! 쭉쭉 늘어나는
콩 젤리를 붙였으니
나중에 따라가면 돼요.
잘했어,
연금술사맛 쿠키!
그럼 이제….

쿠
쿠
쿠
쿠
저 거대 로봇과 상대해야겠네….
우리… 이길 수 있어? 다 잡혀가서 주 4일 48시간 노동해야 하는 거 아냐?

스르륵

내 실험실로
바로 가자.
옙!
이보세요~
여기 쿠키 있어요.

지잉

철컥
뭐 하시는 건가요?

윙
위잉

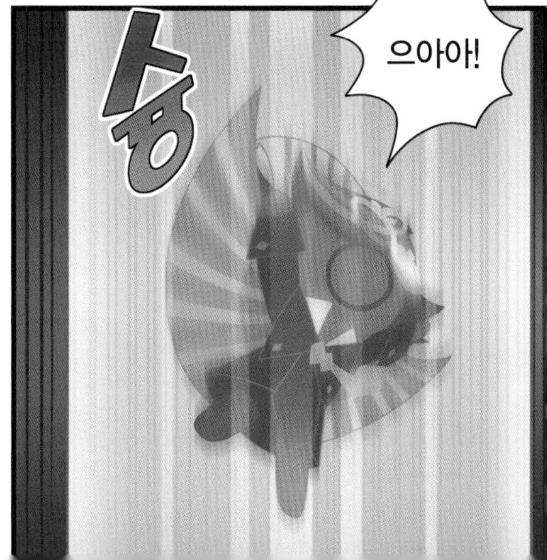
슝
으아아!

참 재밌게
납치하시는군요.
딸기 크림 페어리 안이
아늑했지?
그 안에 향긋한 향수도
뿌려 놨다고~
딸기 향 좋아해?
전 커피 향이
더 좋습니다만….
으~ 커피!
그 쓴 걸
왜 먹어?
-웩
커피엔 쓴 맛만
있는 게 아니고
아주 여러 가지
맛이 복합적으로….
난 안 먹어!
쓴 거 딱 싫어!
짱 싫어!
단 게
최고야!
음….

일단 요즘 쿠키들의
몸은 무엇으로
이루어졌는지
알아봐야겠어.
그 속에 뭐가 있는지
말이야.
그나저나
저를 잡아서
뭘 하실 건가요?

네…?
저를
어쩌려고…?

후후후….

이 칼로? 당연히
이 칼을 가지고….
헉! 설마
그 빵 칼로?!

맛있는
딸기 케이크를
잘라 먹어야지.
무슨 생각을
하는 거야?
쿠키 속을
알아본다고
하길래,
해부라도
하는 줄
알았어요.

스캔 광선을 쓰면
간단한데 뭐 하러
귀찮게 해부를 하니?
아….
지잉

2화 유모로봇과의 추억

성분 분석 결과
흠….
별거 없네.

밀가루, 시럽, 물,
약간의 토핑,
이 정도로 이루어졌잖아?
다른 쿠키랑 다를 게 없어.
쿠키들은
다 비슷하군요.

하지만 각각의 쿠키가
다 다른 성격과
취향을 가지는 건
무슨 이유 때문일까?
토핑
차이인가?

그건 과학 장비로는
측정할 수 없는 것
때문이겠죠.
엥?
그런 게 있어?

쿠키의
영혼이요.
영혼?
이 스캔에 따르면
영혼인지 뭔지가
들어갈 공간 따윈
쿠키 몸에 없는데?

영혼은
아직 과학으로
설명 못 해요.
과학으로
설명 못 하는 건
없어!

마법도 그렇잖아요.
마공학이라는 기술이 있지만
아직 완벽하게 마법을 과학적으로
규명하지는 못한걸요.

마법…?

이런 거
말이죠.
파아아
그라인더
소환!
위잉
위잉
앗!?

어어?
털
덩
텅
이럴 수가!

슥
어때요?
이 마법도 과학적으로
분석이 되나요?
그 유리관은
엄청 튼튼한
강화 유리로
만든 건데…!

저요?
그럼 너!
딸기 크림 페어리 안에
갇혔을 때도
나올 수 있었는데
그냥 잡혀 온 거야?
로봇에
구멍을 낼 수는
없잖아요.
당신이 아끼는
로봇 아닌가요?
그야….
또 당신에게
궁금한 점도
있었고요.
응? 뭐가
궁금한데?
아까
이런 말을 했죠.
누군가가 장난으로
만들었다 버린 쓰레기가 아니라
진심으로 창조된 쿠키가
지배하는 세상….
?

그게 도대체
무슨 뜻이죠?
우리 쿠키들이
누군가가
장난으로 만든
존재라는 건가요?

어둠마녀 쿠키 님의 말이라
자세한 건 모르지만
아마 그런 뜻이겠지.
누가 쿠키를 만들고 버렸나 봐.

아니, 어떤 자가
쿠키를 만들 수 있죠?
신을 말하는 건가요?
난 모른다니까!
곧 부활하실 어둠마녀
쿠키 님께 물어봐!

그렇군요….
빨리
어둠마녀 쿠키를
만나고 싶네요.
그럼 다른 질문
하나 더 할게요.
어둠마녀 쿠키가
당신을 깨워 줬다고 했죠?
당신도 고대의
쿠키인가요?
쳇, 잠깐 자고
일어난 느낌인데,
고대 쿠키라는 소리를
들어야 한다니….

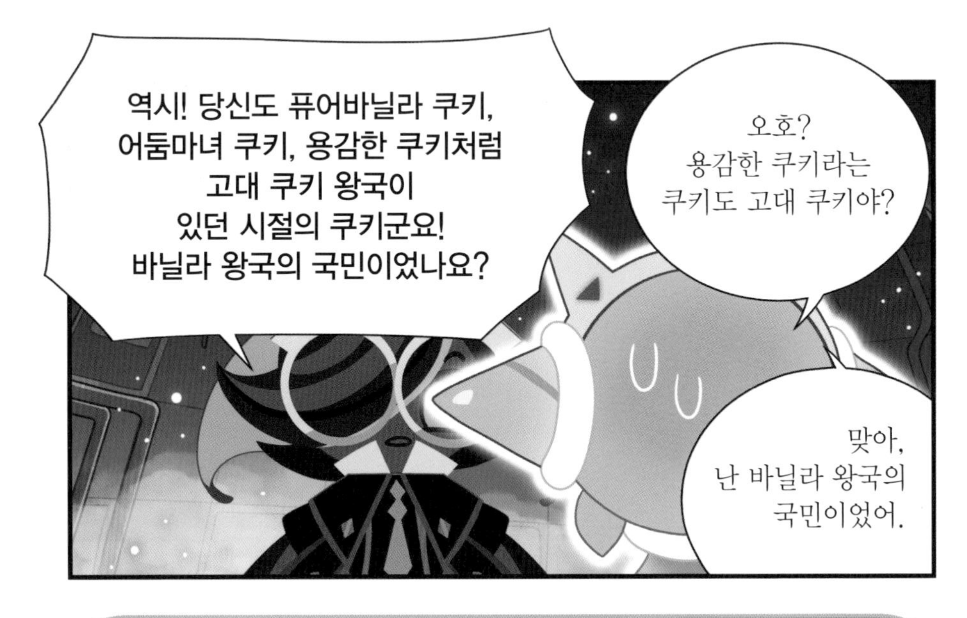
역시! 당신도 퓨어바닐라 쿠키, 어둠마녀 쿠키, 용감한 쿠키처럼 고대 쿠키 왕국이 있던 시절의 쿠키군요! 바닐라 왕국의 국민이었나요?
오호? 용감한 쿠키라는 쿠키도 고대 쿠키야?
맞아, 난 바닐라 왕국의 국민이었어.

내가 태어난 곳은 바닐라 왕국의 작은 마을이었지. 마을에는 유난히 뛰어난 기계 공학자들이 많았어.
우리 마을에 대단한 공학자들이 많다는 건 바닐라 왕국 전체에 소문이 날 정도로 유명했어.

어느 날,
소문을 들은
마법사 쿠키들이
우리 마을로
찾아왔고,
공학자 쿠키들과 함께
마법과 기계 공학을
합쳐 마공학이라는 것을
발명했어.

우리 부모님도
그때 마공학 개발에
참여한
공학자 쿠키였지.
두 분 다
너무 바빠서
1년에 한두 번밖에
만나지 못했어.
그것도 아주
잠시뿐이었지.

난 두 분의 얼굴은
기억도 안 나.
아주 어릴 때부터
나를 돌봐 준 건
유모 와플로봇이었어.

나는 유모로봇에게 내가 아는 거의 모든 것을 배웠어.
세종대왕은 위대해….
ㄱㄴㄷㄹ
나랏말싸미
듕귁에 달아
음식은 골고루!
글도 배우고 음식 먹는 법도 배우고.

물론 기계 공학도 유모로봇에게서 배웠지.
이것이 최첨단 과학 기술입니다.
갑자기 어려워졌어….
다음 주엔 로봇 공학 기초 들어갈게요.

부모님은
만나지도 못하고
로봇들과만 지낸 건가요?
외로웠겠네요.
아니, 전혀!

유모로봇만 있으면
난 충분했어!
나와 유모로봇은
정말로 서로를
좋아했거든.

그러던 어느 날, 갑자기
하늘이 새카매지고
집이 흔들거리며
무너지기 시작했어.
드
드
드

딸기크레페맛 쿠키 님!
이곳은 위험해요.
저를 따라오세요.
무슨 일이야,
유모로봇?

쿠키 대륙에
전쟁이 벌어졌어요!
그 무엇으로도 막을 수 없는
엄청난 전쟁이에요!
이미 왕국의 많은 부분이
파괴되었고, 수많은 쿠키가
하늘을 나는 배를 타고
저 멀리 바다 건너로
피난을 갔다고 해요.

몇몇 쿠키들은
퓨어바닐라 쿠키 국왕이 마법으로
피신시키도 했다는데,
역부족인 모양이에요.
이렇게 쿠키 대륙이 멸망하나 봐요.
온 세상이 무너지고 불타올라요!
그럼 우린
이제 어떻게 해?

유모로봇은
나를 지하에 있는
실험실로 데려갔어.
이 기계는 우리가
시험적으로 만든
냉동 수면 장치예요.
이 수면 장치가 얼마나
오래 작동할지는 모르겠지만
지금 딸기크레페맛 쿠키 님이
살 방법은 이것뿐이에요.
취
이

자! 어서
들어가세요.
유모로봇은?
같이 들어가자!

전 유모로봇이에요.
딸기크레페맛 쿠키 님을
돌보고 그 어떤 일이
일어나도 끝까지
지키는 것이
제 임무랍니다.
딸기크레페맛 쿠키 님이
안에 들어가시면 밖에서
기계를 작동해야죠.
저는 들어갈 수 없어요.

그럼 나도
안 들어갈래!
유모로봇이랑
같이 있을 거야.
엉 엉
딸기크레페맛
쿠키 님….

제가 아는 건
딸기크레페맛 쿠키 님에게
전부 가르쳤어요.
언젠가 세상이 평화로워져
다시 깨어나시면 그 지식으로
잘 살아가실 수 있을 거예요.
딸기크레페맛 쿠키 님은
이미 최고의
기계 공학자이십니다.

팍
앗!

철컹
뭐야?
유모로봇!
열어 줘!

딸기크레페맛
쿠키 님, 안녕.
우르르
유모로봇!

그동안 함께해서
정말 행복했어요.
유모로봇!!

그게 유모로봇과의 마지막 기억이었어. 그 후 잠깐 자고 일어난 것 같았는데… 수천 년이 흘렀다고 하더군.
아… 안타까운 얘기네요.

어둠마녀 쿠키 님에 의해 깨어난 후, 유모로봇을 열심히 찾아다녔지만 찾을 수 없었어.
워낙 긴 세월이 흘렀고, 그런 무서운 전쟁도 있었으니….

그 후에 이 하늘에 떠 있는 바닐라 왕국의 유적으로 와서 나의 지식으로 와플로봇도 만들고 달 형태의 방어막도 만들었는데,

아무리 노력해도
나의 유모로봇 같은
로봇은 만들 수가
없었어.
그렇게 다정하고
나를 아껴 주고,
나의 슬픔, 기쁨,
행복 모두를
함께해 주는….

분명 마공학의
문제일 거야!
유모로봇이 만들어질 때
바닐라 왕국의 마법사들이
도와줬다고 했거든.
잠들어 있는
바닐라 왕국의 쿠키들 중에
분명 유모로봇을
만들 수 있는 쿠키가
있을 거야!

나는 다시 세운
바닐라 왕국에서 유모로봇처럼
훌륭한 로봇과 쿠키들이
같이 사는 세상을 만들고 싶어!
멋지지 않아? 내 생각이.
흠… 그런데
왜 바닐라 왕국 유적에
있는 쿠키들을 아직
깨우지 않았나요?

그게… 아직 그들에게
걸린 시간 정지 마법을
푸는 방법을
알아내지 못했어.
그 마법을 건 자가 바로
퓨어바닐라 쿠키
국왕이라던데, 정말
대단한 마법사였나 봐.

어쨌든 난 계속
마법과 쿠키를
연구하는 중이거든.
그러니 곧
깨울 수 있을 거야!
그렇군요. 한데
그 시간 정지 마법….

우리 친구 용감한 쿠키가
그 정지 마법에 걸린 쿠키를
풀어낸 적이 있어요.
뭐?
정말?

그럼 얘기가
달라지지!
빨리 가 봐야겠네.
탁
초코 크레페 스파이더가
벌써 쿠키들을 전부
눅눅하게 만들어
버렸을지도 몰라.
예?
설마요.

부
우
우
우

초코 크림탄
발사!
콰
아
크림탄이
너무 커서
피할 수가
없는데!
피해!
저걸 맞으면
온몸이 찐득하고
눅눅해져서
움직일 수가 없어!
철
퍼
덕
으아아!

차
아
으억!
꽥!
까악!
아이고! 다들 초코 크림 범벅이 되었네.
재빠른 칠리맛 쿠키 빼고는 다 크림이 묻어 꼼짝 못 하게 되었어.
찐득
찐득

오! 치료사맛 쿠키 님, 어떻게 피하셨어요?
사실 저도 무사합니다.

요리조리 이리저리
피했지요.
진짜
잘 보이나 본데?
사샥
샥

이대로
있을 수는 없지!
반격이다!
푸다닥
파
악
블랙레이즌맛
쿠키도
무사하군요!

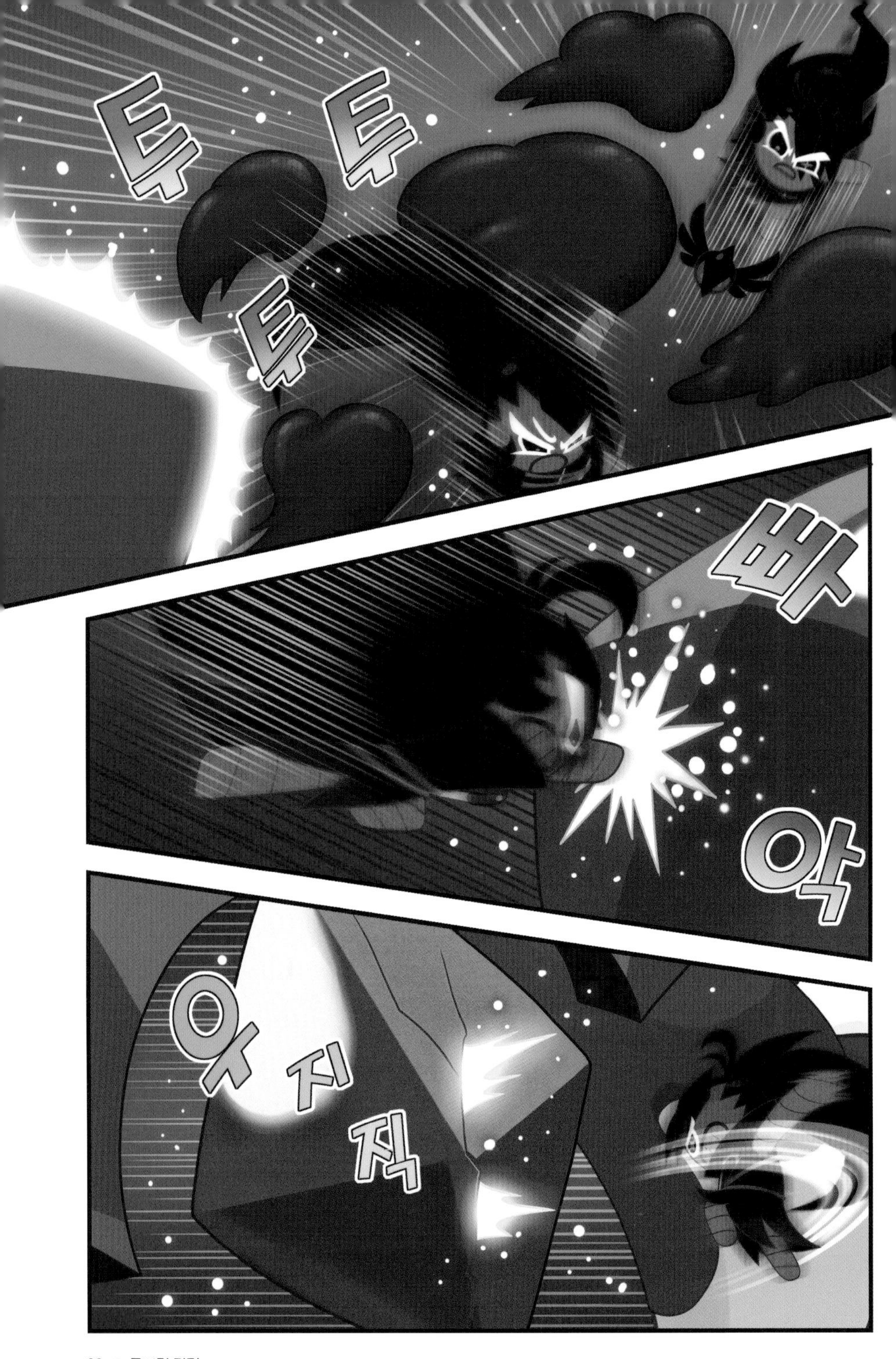
투
투
투
빠
악
아
지
직

쿠아아
척

오, 저곳이 약점이었나 봐요.
잘했어, 블랙레이즌맛 쿠키!
이제 납치된 에스프레소맛 쿠키를 찾으러 가자!

그 전에 저들을 먼저 구해야겠군요.

으어,
찐득찐득해!
이런 초코 크림을 무기로 만들어 쓰다니 딸기크레페맛 쿠키라는 분은 단 걸 참 좋아하나 봐요.
쿵…

후다다닥
너희들! 초코 크레페 스파이더를 쓰러트린 거야?
앗! 또 왔어!

다들
괜찮아요?
앗!
에스프레소맛
쿠키! 어떻게
된 거예요?
쳇!
회로가 있는 곳을
공격했구나.
치직
치직
이 부분을
더 강한 재질로
보강해야겠어.
흠….
딸기크레페맛
쿠키,
너 정체가 뭐야!
아! 네가
용감한 쿠키야?
시간 정지 마법에
걸렸던 쿠키를
풀어 준 적이 있다고?
응?
그건, 내가
했다기보다는….

나와 고대 바닐라 왕국의
쿠키들이 정지되어 있는
저 성 안으로 같이 가자!
시간 정지 마법을 풀어 준다면
너를 바닐라 왕국의
국무총리로 삼아 줄게.
엥?
…….

자, 빨리
따라와!
홱
아니,
잠깐!
난 아직
크림에서 못 빠져
나왔다고!
허우적
허우적

아,
초코 크림 때문에
잘 못 움직이는구나?

청소 와플로봇
출동!
우웅
웅
웅

위잉
아이고,
간지러워!
쏴아아

잠시 후….
이럴 수가!
목욕한 것같이
깨끗해졌어.
반짝반짝
윤이 나네!

자! 이제 가자!
이쪽이야.
어어…?
이게 무슨…?
팍
설명은 제가 나중에
해 드릴게요.

이곳이 바로
고대 바닐라 왕국의 쿠키들이
잠들어 있는 곳이야.
이 광장은….

으아아악!
찌
리
리
릿
딸기크레페맛
쿠키!?

3화
다크초코 쿠키를 구할 방법

파지지직
뭐, 뭐야?
으…
따가워!
저 안에
누가 있어?!

윽!
아무도 없을 텐데?
설마, 시간 정지 마법에 걸린
쿠키들이 깨어났나?
아니야!
저들은 쿠키가
아니야.
치직
치직

크흐흐흐….
우리는 이곳을 지키려고
아주 오래전부터
명령을 받고 숨어 있던…
해골케이크
병사들이다!
쿠
쿠
쿠
쿠

이곳에
숨어 있었다고?!
왜? 누가 너희에게
그런 명령을 했어?
여긴
내 왕국인데!
여기가 무슨
네 왕국이냐?

이곳은
어둠마녀 쿠키 님이
부활하시면
본부로 쓸 곳이다.
뭐라고? 아냐!
이곳은
어둠마녀 쿠키 님이
나에게…!

네게 이곳의 위치를
알려 주셨지,
언제 이곳의 왕이 되어
다스리라고 하셨냐?
!

그리고 너는
어둠마녀 쿠키 님에게
큰 실망을 안겼다.
내, 내가
뭘?

어둠마녀 쿠키 님은
네가 이곳에서 로봇 군대를
만들어 싸우기를 바라셨는데,
넌 그렇게 만든 로봇들과
쿠키들이 사이좋게
지내게 했다.
뭐?
내가 언제?

숨어서 다 지켜보고 있었다고 했잖아!
잡아 온 쿠키들에게 월급은 안 줬지만
안락하게 지내게 했고,
힘든 일을 시키지도 않았지!
게다가 나중에 바닐라 왕국에서
살게 해 준다고까지 했어.
그게
잘못이야?

잘못이지!
딸기크레페맛 쿠키!
너의 임무는
다시 일어날 어둠의 전쟁 때
한 축을 담당할 로봇 군단을
만드는 거였으니까!

그게 나를
깨운 이유야?

당연하지!
그럼 너 따위를
뭐 하러 찾아서
깨웠겠느냐!

고대의 로봇 공학을 아는
쿠키가 너밖에 없기에
냉동 수면 장치에서
널 깨운 거다!
그, 그런….

그리고 곧 이곳으로
이 성의 진짜 주인이
될 분들이 오실 거다.
뭐? 그게
누군데?

방금 받은 연락에
의하면…
감초맛 쿠키와
석류맛 쿠키,
깜짝

케이크 몬스터 군단을
이끌 군단장
벨벳케이크맛 쿠키,
!

어둠마녀 쿠키 님의
대리자인
아포가토맛 쿠키,

거기에 다시 부활한
세계 최강의 전사
다크카카오 쿠키까지.
모두 이곳으로
곧 오실 거다.

다크카카오
쿠키가
살아 있다고?
다크카카오
쿠키….
두근
두근

이야기는
용감한 쿠키 일행이
서리여왕 쿠키의 눈꽃을 따라
힘들게 길을 가던 때로
돌아갑니다.

그때 얼어붙은 성 안에
봉인되었다가
깨어나는
쿠키가 있었으니….

파앙

나의 잠을
깨운 자가
누구냐!
하찮은 이유로
날 깨웠다면
용서하지 않겠다.

음?
너는…?

케이크 몬스터
군단의 군단장,
벨벳케이크맛
쿠키?
콰아아아
넌 분명
퓨어바닐라 쿠키가
시간 정지 마법으로
가둬 버렸다고 했는데,
어떻게 풀려난 것이냐?
우욱!
엄청난 기!

어둠마녀 쿠키
무리가 아직 남아 있다니!
그렇다면 여기서
내 손으로
끝장을 내 주마!
쿠
앙

으아아!

콰
쾅
악!
텅
벨벳케이크맛 쿠키가
일격에 날아가다니!
세상에…!

받아라!
나의 검을!
콰아
에잇!!
석류 방어진!
슈파아
비켜라!

빠강
나의 마법진이
단칼에
산산조각 났어.
와장창
이럴 수가!
난 상대도
안 되겠다….
이야아아압!

촤
학
멍!
멍멍!
멍!

이건 또 뭐야?
괴물 케이크베로스의
축소판이냐?
케이크 몬스터도
아직 남아 있었나?
너희 둘 다
한 방에
날려 주마!

안 돼!!!
와락
콰
아
아
아

멈칫
다크초코….
뭐…?
네가 어떻게
그 이름을…?
넌
누구냐?

전 아포가토맛
쿠키라고 합니다.
다크카카오 쿠키 님을
깨운 게 바로 접니다.
알려드릴 게
있어서요.

바로
다크초코 쿠키 님에
관한 이야기입니다.
다크초코
쿠키는….

이 성을 지키다
전사했다고 들었다.

나의 아들
다크초코 쿠키….
내가 있었다면
다크초코 쿠키도, 나의 백성들도
죽임을 당하지 않았을 텐데….

내가 너무 늦게 돌아와서
그 누구도 지키지 못했어.
쿵

당신의 아들
다크초코 쿠키 님은
살아 있습니다.
다만 엄청난 위험에
처한 상태죠.
그를 살릴 쿠키는
당신뿐입니다.

다크초코 쿠키가
살아 있다고?
어, 어떻게…!
아시는 바와 같이
다크초코 쿠키 님은
감초 몬스터를 상대로
용맹하게 싸우셨습니다.

하지만 결국
큰 부상을 입고
정신을 잃었죠.
몬스터가 그를 삼키려는 순간,
저와 여기 있는 쿠키들이
그를 구해 내
다른 곳으로 옮겼습니다.

응?
우리가 언제?
무슨 소리를
하는 거야….

그래서 지금
내 아들은
어디 있는가?

그 전에 먼저
아셔야 할 것이
있습니다.
다크카카오
쿠키 님께서
스스로를 봉인한 후
세월이 많이
흘렀습니다.
뭐?
얼마나?

놀라지 마십시오.
30년이란 시간이
흘렀답니다.
?!
?!
30년…!
?!
그렇게나
세월이
흘렀단 말이지?

다크초코 쿠키 님은
당시 너무 부상이 심했지만
치료를 할 방법이 없어
시간 정지 마법을 썼고,
30년간 그대로 계십니다.
!!!
시간 정지
마법!

시간 정지 마법은
퓨어바닐라 쿠키의 마법인데,
설마 퓨어바닐라 쿠키도
살아 있나?
아니요! 퓨어바닐라
쿠키를 비롯한
다른 영웅 쿠키들은
모두 사라졌습니다.

하지만 다행히
우리 쪽 쿠키 중에도
시간 정지 마법을 쓸 수 있는
쿠키가 있었지요.
그의 마법으로
벨벳케이크맛 쿠키도
마법에서
풀려났습니다.
나 쟤 무서워.
뭔 거짓말을
저리 술술….

그래서 내 아들은 어디 있나? 지금 봉인을 풀면 그를 구할 수 있는 것인가?

예! 그래서 저희가 30년 동안 당신을 찾아 헤맨 것입니다. 다크초코 쿠키 님을 살릴 수 있는 쿠키는 오로지 다크카카오 쿠키 님, 당신뿐이니까요.

내가 뭘 하면 되겠나? 할 수 있는 일이라면 뭐든 다 하겠네!
소울 잼.

소울 잼이 당신의 심장에 들어 있다고 들었습니다.
!

그렇다!
소울 잼은 내 심장 안에
들어 있지.
그 덕분에
어둠마녀 쿠키와의
마지막 전쟁 때 일어난
대폭발에서도
살아남을 수 있었어.

그걸 꺼내면
내 심장은 즉시 멈추고
난 사라지게 된다.
아니,
그럴 수가!
그럼
안 되는데.
그래? 내 소울 잼으로
다크초코 쿠키를
구할 수 있다고….
다크초코 쿠키 님을
구하려면 그 소울 잼이
필요한데요.

다행이군! 내 아들을
살릴 수만 있다면
아무 상관 없다.

내 아들이 있는
곳이 어디인가?
당장 가자!
그곳은
바닐라 왕국
입니다.

뭐?
바닐라 왕국이
남아 있어?

내 눈으로 왕국 전체가 처참하게 무너지고 불타오르는 광경을 봤는데….

퓨어바닐라 쿠키가 자기 일족만 살리려고 도시 중앙의 성을 따로 떼어 내어 마법으로 보관하고 있었답니다.
세월이 지나 알려진 사실이지만 퓨어바닐라 쿠키는 사실 자기 일족만 아는 이기적인 쿠키였습니다.

퓨어바닐라 쿠키가
어둠마녀 쿠키와
결탁했다는
소문도 있어요.
퓨어바닐라
쿠키가…?

그 둘이 어릴 적부터
친구였다는 건
아시나요?
뭐? 그건
몰랐는데….

퓨어바닐라 쿠키가 우리 모두를 속였다고?
하지만 마지막 전투 때 우리는
미지의 대륙에서 온 용사에게
모든 힘을 몰아줘서 함께
어둠마녀 쿠키를 물리쳤는데….

우린 그 용사를 살리려고
저 달의 도시로 보냈어.
성공해서 그가
살아남았는지는 모르지만,
그때 우리가 할 수 있는 건
그것뿐이었어.
그는 살아
있습니다.

지금은 '용감한 쿠키'라는
이름으로 세계를 지배하려 드는
쿠키가 되었지요.
모든 영웅이 사라진 지금,
용감한 쿠키는 자신이
대륙의 왕이 되려고
당신의 소울 잼을
노리고 있습니다.
다크카카오 쿠키 님께서
아들을 구하러 올 것을 예상하고
바닐라 왕국의 성에서
강력한 부하들과 함께
맞설 준비를 하고 있지요.

4화
크렘 공화국의 마법

그럴 수가….
퓨어바닐라 쿠키가
배신을 했고,
미지의 용사 용감한 쿠키가
그런 사악한 쿠키가
됐다고…?

용서 못 해.
퓨어바닐라 쿠키는
이미 사라졌다니,
용감한 쿠키만은
내 손으로 처단하겠다.
역시, 강하고 올곧은
다크카카오 쿠키 님다운
말씀입니다.
저희는 다크카카오 쿠키 님만
믿고 가겠습니다.

자, 가자!
바닐라 성이
있는 곳으로!

이봐, 너….
무슨 생각으로 그런 말도 안 되는
소리를 지어낸 거냐?

나도
퓨어바닐라 쿠키와
적이 되어
싸운 쿠키지만,

퓨어바닐라 쿠키가
누굴 배신할 쿠키가
아니라는 건 알아!
그는 더할 나위 없이
훌륭한 쿠키다.

정신 차리세요,
벨벳케이크맛 쿠키.
우리의 목표는 오로지
어둠마녀 쿠키 님의
완전한 부활입니다.
이 모든 것은 다
어둠마녀 쿠키 님께서
지시하신 일이에요.
……!

이제 얼마
안 남았습니다!
다크카카오 쿠키의
심장에 있는
소울 잼만 꺼내면
됩니다.
지키지 못한
아들에 대한
다크카카오 쿠키의
애틋한 심정을
한껏 이용하자고요.

하나만 더 묻자.
정말 다크카카오 쿠키의
아들 다크초코 쿠키가
바닐라 성에 있나?

수천 년의
세월이 흘렀는데
아직도 그가
살아 있단 말인가?

가 보면
알게 될 겁니다.
그리고 이번엔 반드시
용감한 쿠키를
처단하세요.
뭐?

영웅들이 사라진 이 시대에
부활할 어둠마녀 쿠키 님에게
가장 큰 적은 분명
용감한 쿠키가 될 겁니다.
이번 싸움에선
다크카카오 쿠키의
힘을 빌려서라도
용감한 쿠키를
없애야 합니다.

용감한
쿠키….
용감한 쿠키를 만나
직접 알아봐야
할 것이 있다.
그가 만들어 낸
푸른 불꽃이 몬스터로
변했던 베로베로를
원래대로 돌아오게 했어.

그렇다면
그 전투 때
나의 케이크 몬스터들을
태워 버렸던
푸른 불꽃도 사실은…
그들을
원래 모습으로 되돌린
불꽃이었단 말인가?

그렇다면
내가 아는 것 중에
진실이 있긴 한 건가….
뭐 하세요?
빨리 출발
하셔야죠.

으아아아!
깜짝이야!

으아아아!
피융
나한테
왜 그래?

다시 바닐라 성.

그래서 그분들이
이곳에 도착할 때까지
너희가 여기 들어오지 못하게
하는 것이 우리의 임무다.
찌릿
찌릿

시끄러워!
누구든 난 인정 못 해!
여기는 나의 성이고
바닐라 왕국은
내 것이야!
너희 모두
가만두지
않겠어!

와플로봇
출동!

위이이잉
얘들아,
저 방어막을
뚫어!

위잉
파바바
바

아무리 공격해도
소용없다.
이 방어막은
너희가 절대
뚫지 못해.

이까짓 게
뭐라고!
파앗
으아아!
찌
리
리
릿

뭐가 이렇게 찌릿찌릿해?
마법인가?
아니, 전기로 만든
방어막인가?
이건 이 대륙의
쿠키들은 모르는
마법이다.
뭐?
아포가토맛 쿠키 님이
'크렘 공화국'이라는
곳에서 쓰는 마법으로
만든 마법진이니까
말이야.

크렘 공화국?
그런 나라도 있어?
!
있어요! 우리 대륙
너머 바다를 건너가면
있는 나라예요.

과학과 마법이
아주 발달한 나라여서
연금술사 쿠키들한테는
꽤 알려졌지만
일반 쿠키들은
잘 모르는 나라죠.
우리 대륙의
나라들과는
별로 교류도
없고요.

하지만 알음알음
우리 대륙의 연금술사나
마법사, 과학자 쿠키들이
크렘 공화국으로
유학을 가기도 해요.
사실 저도
가 보고 싶은
나라예요.
이제
알겠네요!
에스프레소맛
쿠키?
이 마법진은
탄산 마법으로
만든 거예요.
어? 너
어떻게 알아?

사실은… 제가
크렘 공화국에서
왔거든요.
네에?!!
에스프레소맛
쿠키가
크렘 공화국
쿠키라고?

크렘 공화국의
마법 공학은
세계 최고 수준인데,
여러 마법 분파에
바탕을 두고 있답니다.
따끔하고 시원한
탄산 마법 분파와…
부드러움을
기본으로 하는
우유 마법 분파,

미끌미끌한
오일 마법 분파,
달콤한 주스 마법 분파,
그리고 커피 마법
분파도 있지요.
그 동네 마법들은
신기하네요?
다 마실 거야?
오일을
마셔?

커피 마법 분파도
여러 종류로 나뉘는데,
우유를 타야 한다는 라떼파,
우유에다 바닐라에
아이스크림까지 넣어야 한다는
프라푸치노파,
시나몬을 뿌려야 한다는
카푸치노파,
초콜릿까지 넣어야 한다는
카페모카파와, 커피 마법은
너무 진하니 물을 타야 한다는
아메리카노파 등등이 있지요.

전 원조 중의 원조! 기본을 중시하는 에스프레소파랍니다.
아니, 지금 카페 차릴 일 있어? 누가 커피 종류 알고 싶대? 커피 자랑하러 이 대륙까지 온 거야?
아, 한 잔 마시고 싶네….

아니죠! 커피 마법을 연구하다 보니, 작은 나라인 크렘 공화국에선 더 이상 발전하기 어렵다는 생각이 들더군요.
자료를 찾아보니, 과거 크렘 공화국의 조상들이 살던 대륙에서는 더 많은 재료를 얻을 수 있고, 커피 마법도 더 발전시킬 수 있을 것 같더라고요. 그래서 이곳으로 왔답니다.

이곳에 와서 커피 재료인 궁극의 설탕을 찾으려고 헤매다가 여러분을 만나 여기까지 오게 된 거죠.
인연이란 참 신기하네요.

그래서 뭐 어쩌라고? 네가 크렘 공화국 쿠키이니 이 탄산 마법 방어막을 깰 수 있기라도 하다는 거야?

아니요. 못 깨요. 커피 마법으로는 탄산 마법을 깰 수 없습니다.
그럴 줄 알았다!
엥?

하지만 저 안으로 들어갈 수는 있을 것 같네요.
뭐?

이렇게요….
소곤 소곤

아니, 그렇게 쉬운 방법이?
한번 해 보세요.
무슨 방법인데요? 궁금해!

괜히 큰소리치는 거겠지?
와플로봇!
와플로봇의 공격으로는 방어막을 깰 수 없다니까!

방어막이 쳐진
입구 말고
옆의 벽을 뚫어!
!
위잉
넵!

쿠
콰
쾅
쿠
웅
뚫렸습니다.
이런 간단한
방법이!
잘했어!

가자!
두
두
두
두
헉!
와플로봇!
저것들을 잡아!
히이익!
크
아

으아악!
헤헷,
간단하구먼!
모두
잡았습니다!
약해 빠진 것들이
큰소리만 쳤구나.

이곳에 우리만 있을 거라
생각한다면 오산이다.
있어 봤자
너희 수준이라면
아무 문제도 없어.
이곳에 시간이 멈춘
쿠키들이 있다는데,
어디야?
아, 이 도시에
커다란 사원이 있거든!

그 사원에
수많은 쿠키들이
기도하는 모습으로
멈춰 있는데,
그 안으로는
들어갈 수가 없더라고.
아마 시간 정지 마법
때문일 거야.

사원이면 저쪽이군요.
빨리 가 보죠.
탁
치료사맛 쿠키,
어떻게 알아요?
여기 와 본 적도
없으면서.

맞아!
저쪽이야.
오, 신기하네요.
치료사맛 쿠키,
정말 촉이 좋군요.
…….

두
두
두
두
퉤

콰콱
앗!
내 와플
로봇들이…!
철퍼덕
쿵
뭐야?
어떤 녀석이냐?

흐흐흐…. 겨우
해골케이크 병사들을
상대해 놓고
이겼다고 생각했느냐?
쩔스렁
쩔그렁
하지만
여기까지다.
쩔그렁
쩔그렁
나 사슬창의
제이콥이 있는 한,
더는 못 간다.

쿠키는 아니고
몬스터인가?
뭐야?
어떤 녀석이냐?
크다….

우리는
어둠마녀 쿠키 님이
창조하신
새로운 생명체다.
쿠키나 몬스터보다
훨씬 더 놀라운
존재라고.

네?
치료사맛 쿠키,
그게 무슨….
실험실에서
만들어진
존재군요.

용감한 쿠키가 말했잖아요. 소울 잼을 찾으러 갔더니 실험실이 있었고, 이상한 물질들이 살아 움직이며 고통스러워하고 있었다고요.
저주할 거야….
우리를 이렇게 만든 쿠키를….
응? 내가 그런 말을 했었나?

제 생각에 어둠마녀 쿠키는 생명을 만든 실험을 한 거예요. 그 실험실에서 괴로워하던 것들은 실험에 실패한 것들이고요.
그런 실험을 계속하다 결국 저런 몬스터를 만든 거죠. 3단 케이크 마녀도 그런 식으로 만들었을 겁니다.

과거 전쟁에서 대륙을 공격했던 수많은 케이크 몬스터들도 어둠마녀 쿠키가 만든 것들이었어요.

치료사맛 쿠키, 어떻게 그런 걸 아시죠?
아….

딸기크레페맛 쿠키가 그랬잖아요. 어둠마녀 쿠키는 새로운 쿠키가 지배하는 세상을 만들 거라고 했다고.
결국 어둠마녀 쿠키는 '쿠키'를 만들려고 그 많은 실험을 한 겁니다.

뭐라고? 너 지금
우리가 쿠키를 만들려다
실패한 존재라는 거냐?
이 건방진 쿠키들!
사슬창 맛 좀 봐라!
부웅

퍼어억
으아아!
악!
크윽!
콰아아
공격 속도가 너무 빨라
피할 수가 없어.
철컹

팡
뭐, 뭐야,
너…?
팡
감히 쿠키 따위가
나의 사슬창을
막아 내다니!
팡
으으으….
팡

5화
커스터드 3세맛 쿠키의 위기

저따위 사탕 막대기로
나의 사슬창을 막아?
말도 안 돼!
땡
땡
으윽!

콰
콱
그깟 막대기,
부러트려 주마!

아악!
휘청
휘청
이야앗!
지금이야!
모두 달려들어!
파앗
야
아
압
엇?

콰
콰
콰
아니,
이것들이!
용감한 쿠키!
사슬을 돌려서
몬스터를
감아 버려요.
!
좋아!
간다!
다
다
다

뭐, 뭐야?
파
바
바
바
바

철
커
덩
이럴 수가…!
차
캉

쿠웅
됐다!
사슬창의
제이콥을
사슬로 잡았어!
으억!

용감한 쿠키,
잘했어! 최고야.
아냐! 모두
힘을 합쳐서
쓰러트릴 수
있었던 거야.

너희…
꽤 강한걸?
특히
너.

머리카락도
한 올밖에 없고,
맨몸에 단추만 달고
다녀서 별 볼 일 없을
줄 알았는데….
시간 정지 마법을
푼 쿠키답다.
그건 내가
풀었다고
하기엔….

너도 고대 쿠키라며? 마법을 쓸 줄 아는 거야? 너도 바닐라 왕국 쿠키야?
난….
빨리 사원으로 가죠. 시간이 없습니다.

어둠마녀 쿠키 쪽 쿠키들이 오는 중이라고 하지 않았나요? 그 전에 멈춰 있는 쿠키들이 있는 곳으로 가야 해요.
그래요. 빨리 가요.
어림없다!

그곳엔 나보다 더 강력한 어둠마녀 쿠키 님의 부하가 지키고 있어. 너희는 절대 사원 안으로 들어갈 수 없다.
자기 사슬에 잡혀 놓고 말이 많네.

어떤 적이 나와도
우린 물리칠 수 있다!
내가 앞장설게.
커스터드
3세맛 쿠키,
같이 가.

저기 보인다!
저게 바로
그 사원인가 봐.
!

쿠
궁
와! 크고
웅장한 사원이네.

!
주륵
내가
문을 열게.
다 다다다
화
르
르
르

화르르
앗!
커스터드
3세맛 쿠키!

터덩 텅
괜찮아?!!

이럴
수가!
세상에…
완전히
타 버렸어.

제가 살펴
보겠습니다.
치료사맛
쿠키 님,
제발!

아… 가느다랗게
숨이 붙어 있어요.
하지만 언제 끊어질지
몰라요.
으아악!

잠깐, 그 불기둥이
또 어디서 내려올지 모르니
일단 피하는 게 좋겠어요.

저기 저 건물로
들어가자.
돌로 된 건물이니
불 공격에도
안전할 거야.

치료사맛 쿠키 님!
치료사맛 쿠키 님이라면
커스터드 3세맛 쿠키를
치료할 수 있죠?

블랙레이즌맛 쿠키도
치료하셨잖아요.
그렇죠?
커스터드 3세맛 쿠키는
블랙레이즌맛 쿠키 때보다
훨씬 심각해요.

제발,
부탁드릴게요.
으흐흑….
그럼….

커스터드 3세맛 쿠키와
단둘이 있을 수 있게
모두 자리를 피해
주실 수 있나요?

감히 우리 친구
커스터드 3세맛 쿠키를
저렇게 만들다니….
물론이죠. 저희는
나가서 불기둥을
쏜 녀석을 찾을게요.

친구….

탁
자! 모두
나가자!
치료사맛 쿠키 님,
잘 부탁드려요.

지금 커스터드
3세맛 쿠키는
거의 생명을 잃은 거나
다름없어요.
이 정도의 심각한
부상을 치료하려면
내 생명력을
나눠 주는 수밖에는
없겠군요.

바닐라 왕국의 쿠키라면
약간의 생명력만 불어넣어도
소생이 가능하겠지만,
그게 아니라면 최악의 경우
내 생명과 맞바꿔야
할 수도 있어요.
파아아
만약 그렇게
된다면… 나 대신
용감한 쿠키를
도와줘요, 커스터드
3세맛 쿠키….

최고의 백마법,
생명 교환 마법.
슈파아

커스터드 3세맛
쿠키….
아,
그랬군요.
당신은….

불기둥이 어디서 내려왔을까?
분명 주변에 몬스터가 있을 거야.

제가 앞으로 나가 볼 테니 제게 불기둥이 떨어질 때 잘 살펴보세요. 몬스터가 어디에 있는지.
안 돼요! 그러다 다치면 어쩌려고!

샤아아
커피 방어막을 치고 갈 거라 괜찮을 거예요.
그래도 조심하세요!

스슥

콰
아
앙
으앗!
저기다! 신전의
지붕 위에서 뭔가가
불기둥을 만들고 있어.

내 위치를 알아내려고
동료를
희생시킨 거냐?
화르르르
쿠키들도
꽤나
무자비하군.
그렇게 동료를 바쳐서
내 위치를 알아낸다 해도
너희 정도로는
나를 상대할 수도
없을 텐데….

!?
저 멀쩡한데요?
활
활
뭐라고?
잠깐!
슈파아

슈우욱
방어막을 치고
있었구나!

이 사악한 몬스터!
내 친구를
불에 태우다니,
용서 못 해!
사악한 몬스터라니.
내 이름은 카타리나다!
'캔들지팡이의
카타리나'라고 불리지.

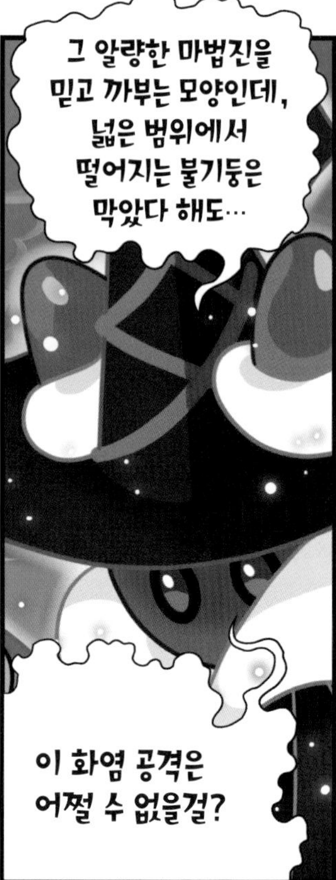
그 알량한 마법진을
믿고 까부는 모양인데,
넓은 범위에서
떨어지는 불기둥은
막았다 해도…
이 화염 공격은
어쩔 수 없을걸?

범위가
좁아진 만큼
위력은 불기둥보다
열 배 이상
강하다고!
쿠아아

으억!
콰앙
이건 너무 강력 한데요?
빠지지직
!
콰
쾅
으아아!
에스프레소맛 쿠키!

불기둥의 힘이
너무 강해요!
모두 달아나요!
에스프레소맛
쿠키, 제가
부축할게요.
많이
다쳤어요.
어딜
도망가려고?
파아아
촤아아아아

화염 안에
갇혀 버렸어!
활
활
으…
뜨거워!

어디 보자….
여기 있네!
척
받아랏! 분말소화기에
들어가는 가루,
제1 인산 암모늄이 든
약병이다!
휘리릭

파샤샤
와!
저쪽 불이 꺼졌어.
저기로 탈출하자.

도망을 가려고?
그렇겐 안 되지!
콰아아
아악!
끄악!

호밀맛 쿠키!
털썩
털썩
연금술사맛
쿠키!

감히
연금술사맛
쿠키를!
이야아아아!
팟

파아아
아악!
털썩
칠리맛
쿠키!
펑
끼악!
딸기크레페맛
쿠키!
다 쓰러졌어!
용감한 쿠키,
이제 너와 나
둘뿐이야.
짝 짝
나도 있다고!
아….

가까이만 가면 일격에
날려 버릴 수 있을 것 같은데,
불 공격 때문에
가까이 갈 수가 없어.
……!

블랙레이즌맛
쿠키, 나를
믿어 줄 수 있어?
응?
갑자기?

대답해 줘!
그야….

만난 지 얼마 안 됐지만,
넌 믿을 수 있는 쿠키야.
그래! 널 믿어!
고마워! 그렇다면
내 말대로 해 줘.

내가 앞으로
나아갈 테니
내 뒤에 숨어서
따라와.
화염을 피해서
말이야.
뭐? 그럼
네가 저
화염 공격을
다 받을
텐데?
날 믿어!
가자.
알았어!
성큼
흥!
겁도 없이
내게
다가오다니.
숯덩이로
만들어 주마!
파아아
과연 캔들지팡이의 카타리나를 상대할 용감한 쿠키의 비책은?

레벨업 퀴즈 1

다사다난했던 딸기크레페맛 쿠키의 어린 시절! 어린 딸기크레페맛 쿠키에게 일어난 일들을 순서대로 나열해 보세요.

논리력

1

딸기크레페맛 쿠키는 바쁜 부모 대신 유모로봇의 손에 컸고, 유모로봇에게 음식 먹는 법부터 기계 공학 지식까지 많은 것을 배웠다.

2

쿠키 대륙에 전쟁이 벌어지자 마을은 온통 파괴되어 불길에 휩싸였고, 딸기크레페맛 쿠키의 집은 무너져 내리기 시작했다.

3

유모로봇은 딸기크레페맛 쿠키가 안전하게 살아남을 수 있도록 딸기크레페맛 쿠키를 지하실에 있던 냉동 수면 장치에 억지로 밀어 넣었다.

4

딸기크레페맛 쿠키는 기계 공학자 부모님 아래에서 태어났고, 뛰어난 기계 공학자들이 많이 사는 마을에서 자랐다.

(　　　　) – (　　　　) – (　　　　) – (　　　　)

레벨업 퀴즈 ②

다음 글을 잘 읽고
선택지 중 옳은 것을 고르세요.

문해력

하늘에 떠 있는 성이 있는 곳으로 간 쿠키 일행은 그곳에서 자신을 퓨어바닐라 쿠키라고 소개하는 존재를 만난다. 용감한 쿠키는 반가워하며 달려가지만 그는 용감한 쿠키를 알아보지 못하고, 블랙레이즌맛 쿠키는 자기 마을을 폐허로 만든 원흉이 퓨어바닐라 쿠키라고 생각하며 그를 공격하려 한다. 그 와중에 치료사맛 쿠키는 그가 진짜 퓨어바닐라 쿠키가 아니라는 것을 알아채 그 사실을 알리고, 용감한 쿠키 일행은 그를 공격한다. 마침내 퓨어바닐라 쿠키 흉내를 냈던 것이 딸기크레페맛 쿠키가 만든 로봇이었다는 사실이 드러나고, 용감한 쿠키 일행은 깜짝 놀란다.

① 치료사맛 쿠키는 가짜 퓨어바닐라 쿠키를 알아보지 못하고 깜빡 속았다.
② 퓨어바닐라 쿠키처럼 생긴 존재가 진짜 퓨어바닐라 쿠키가 아니라는 사실을 가장 먼저 알아챈 것은 블랙레이즌맛 쿠키였다.
③ 용감한 쿠키는 가짜 퓨어바닐라 쿠키를 보자마자 싸우려고 했다.
④ 퓨어바닐라 쿠키를 흉내 낸 것은 딸기크레페맛 쿠키가 만든 로봇이었다.

레벨업 퀴즈 ③

①과 ③의 그림을 보고, ②에 들어갈 수 있는 이야기를 자유롭게 그리거나 써 보세요.

창의력

1

2

3

레벨업 퀴즈 ④

어둠마녀 쿠키의 군단이 몰려온다는 소식에 놀란 쿠키들! A 그림과 B 그림을 비교하며 다른 부분 다섯 곳을 찾아 보세요.

집중력

A

B

책 속 이벤트

무시무시한 초코 크림탄을 마구 쏘아 대는 괴물의 정체는?!

어렵게 하늘에 떠 있는 성이 있는 곳에 도착했지만, 끊임없는 난관에 부딪히며 분투하는 용감한 쿠키 일행. 가짜 퓨어바닐라 쿠키의 정체를 밝히자마자 그들 앞에 새로운 적이 등장했습니다. 어마어마한 크기로 압도하는 이 괴물은 거미처럼 사방으로 뻗은 긴 다리를 가졌으며, 무시무시한 초코 크림탄을 쏘아 쿠키들을 마구 공격한다고 합니다. 이 괴물이 쏜 초코 크림탄을 맞은 쿠키는 온몸이 찐득하고 눅눅해져서 움직이지 못하게 되어 무척 치명적이라고도 하지요. 한편, 이 괴물은 겉보기에 거미를 닮았지만 살아 있는 생명체는 아니며, 딸기크레페맛 쿠키가 만든 괴물 로봇 중 하나라고 알려져 있습니다. 과연 이 괴물 로봇의 이름은 무엇일까요?

정답을 맞히면 푸짐한 선물 있다고 전해져….

[용감한 킹덤일보]에 정답을 제보해 준 독자 **20명**을 뽑아 선물을 드립니다.

▲쿠키런 킹덤
1000크리스탈쿠폰 2장
+ 용감한 쿠키 인형 키링(20명)

◆**참여 방법** ① 카카오톡 채널에서 '서울문화사 어린이책' 채널을 추가한다.
② 이벤트 기간 동안 [용감한 킹덤일보 14호] 게시글을 읽는다.
③ [용감한 킹덤일보 14호] 링크를 누르고 질문에 답한다.

◆**이벤트 기간** **2023년 9월 1일 ~ 2023년 9월 25일까지**

◆**당첨자 발표** **2023년 9월 29일**
(서울문화사 어린이책 공식 카카오톡 채널에서 게시글 공지)

※실제 상품은 이미지와 다를 수 있습니다.

킹덤일보가 만난 로봇

수줍은 로봇, 딸기 크림 페어리의 고백
"제가 그 유명한 가짜 퓨어바닐라 쿠키랍니다."

하늘에 떠 있는 성 앞에서 용감한 쿠키 일행을 맞이한 퓨어바닐라 쿠키가 가짜였다는 사실이 드러났습니다. 이에 퓨어바닐라 쿠키인 척 연기한 존재를 수소문해 만나 보았습니다. 그 주인공은 바로 딸기크레페맛 쿠키가 만든 로봇, 딸기 크림 페어리. 뻔뻔하게 퓨어바닐라 쿠키를 연기하던 때와는 달리, 직접 만난 딸기 크림 페어리는 의외로 부끄러움을 많이 타는 내성적인 로봇이었습니다. 퓨어바닐라 쿠키를 연기한 소감을 묻자, 딸기 크림 페어리는 "사실 얼마나 떨렸는지 몰라요. 감쪽같이 연기하려고 옛날 자료를 많이 찾아보고, 연구도 열심히 했어요."라고 답하며 수줍은 미소를 보였습니다. 앞으로의 계획을 묻자, 딸기 크림 페어리는 연기 연습을 더 열심히 해 전문 배우의 길로 나아가고 싶다는 희망을 내비쳤습니다.

카메라를 보며 수줍게 웃는 딸기 크림 페어리.

레벨업 퀴즈 정답

퀴즈 ①

④-①-②-③
딸기크레페맛 쿠키의 부모님은 기계 공학자였는데, 바빠서 딸기크레페맛 쿠키를 직접 양육하지 못하고 유모 로봇의 손에 맡겼다. 그러던 어느 날, 쿠키 대륙에 전쟁이 벌어졌고, 유모 로봇은 딸기크레페맛 쿠키가 안전하게 살아남을 수 있도록 냉동 수면 장치에 들어가게 했다.

퀴즈 ②

④. 가짜 퓨어바닐라 쿠키의 정체는 딸기크레페맛 쿠키가 만든 로봇인 딸기 크림 페어리였다.

퀴즈 ④

초판 1쇄 인쇄 2023년 8월 10일
초판 1쇄 발행 2023년 8월 30일

글 김강현
그림 김기수
발행인 심정섭
편집인 안예남
편집팀장 이주희
편집 김이슬
제작 정승헌
브랜드마케팅 김지선
출판마케팅 홍성현, 경주현
디자인 디자인 레브

발행처 ㈜서울문화사
등록일 1988년 2월 16일
등록번호 제2-484
주소 서울시 용산구 새창로 221-19
전화 02-799-9308(편집) | 02-791-0752(출판마케팅)

ISBN 979-11-6923 215 9
ISBN 979-11-6438-804-2 (세트)

쿠키런 COOKIE RUN

서바이벌 대작전 49

모험을 통해 배우는 안전 상식 만화!

이상한 점을 눈치챈 용감한 쿠키는 망고스틴맛 쿠키의 비밀을 알게 된다!
친구들과 용안 드래곤 쿠키의 무시무시한 계획을 막기로 하지만 쉽지 않은데….
결국 정면 승부를 택한 용감한 쿠키 일행 앞에 뜻밖의 쿠키가 나타난다!

과연, 용감한 쿠키는 결심한 대로 모두를 구할 방법을 찾을 수 있을까?!

: 02)791-0752 (주)서울문화사

델리키 님!
여신님은 흑화를
완성하셨어요!

뭐라고?
네가 잘못 알고
있는 거 아니야?
흑탑
두둥

아니요!
흑화된 게 확실해요.
왜냐하면….
여신님이
무시무시한 흑탑에
들어가셨거든요!

7월 20일 출간!

메이플스토리
언제 어디에서나 원리를 응용하여 문제를 격파하는 수학의 해결사!
수학도둑 95
응용편
서울문화사
정가 12,000원 | 165쪽

델리키는
흑탑으로
향했을까?
덜덜덜

〈수학도둑 95권〉에서
확인해 봐요!
덜덜

SUGAR OCEAN
WHOLEGRAINIA
LAKE OF TRUTH
BLOODY JAM MOUNTAINS
SILENT OCEAN
SECRET FIG FOREST
COCONUT FOREST
GREENSALAD JUNGLE
JELLY SWAMP
SODA OCEAN
CANDYSTICK ARCHIPELAGO